달구지랑 횃불이랑
옛날의 교통 통신

글 햇살과나무꾼

햇살과나무꾼은 어린이책을 사랑하는 사람들이 모여 만든 기획실로 세계 곳곳에 묻혀 있는 좋은 작품을 찾아 우리말로 소개하고 어린이의 정신에 지식의 씨앗을 뿌리는 책을 집필하고 있습니다. 지금까지 쓴 책으로는 《가마솥과 뚝배기에 담긴 우리 음식 이야기》, 〈마법의 두루마리〉 시리즈 등이 있고, 옮긴 책으로는 《학교에 간 사자》《화요일의 두꺼비》《프린들 주세요》 등이 있습니다.

그림 김이솔

추계예술대학 동양화를 전공하고 프리랜서 일러스트레이터로 활동하면서 아이들을 위한 그림을 그리고 있습니다. 그린 책으로는 《속이 뻥 뚫리는 유쾌한 명판결 이야기》《금강산 도라지》《김유신과 세 신령》이 있으며, 국정 교과서 중학교 역사, 고등학교 국어, EBS 교육방송 교재, 〈상위 5%로 가는 문화 탐구교실〉 시리즈, 〈한눈에 펼쳐 보는 전통문화〉 시리즈, 서울 2000년 역사문화 특별 전시 서울역사문화박물관 '웃대 중인전' 등에 그림을 그렸습니다.

옛 물건으로 만나는 우리 문화 04

달구지랑 횃불이랑 옛날의 교통 통신

초판 23쇄 발행 2025년 8월 1일

글쓴이 햇살과나무꾼 | **그린이** 김이솔 | **펴낸이** 김사라 | **펴낸곳** 해와나무

출판등록 2004년 2월 14일 제312-2004-000006호

주소 서울특별시 영등포구 양산로23길 17 2층 | **전화** (02)364-7675(내용), 362-7675(구입) | **팩스** (02)312-7675

ISBN 978-89-91146-23-5 74380   978-89-91146-19-8 (세트)

ⓒ 햇살과나무꾼, 김이솔 2006

- 값은 뒤표지에 있습니다.
- 책 내용의 일부 또는 전부를 인용하거나 발췌하려면 반드시 저작권자와 출판사 양측의 서면 동의를 구해야 합니다.

제조자명 : 해와나무   **제조국명** : 대한민국   **제조년월** : 2025년 8월 1일   **대상 연령** : 8세 이상
전화번호 : 02-362-7675   **주소** : 서울특별시 영등포구 양산로23길 17 2층
*KC마크는 이 제품이 공통안전기준에 적합하였음을 의미합니다.
주의 : 책의 모서리에 다치지 않게 주의하세요.

달구지랑 횃불이랑
옛날의 교통 통신

글 햇살과나무꾼 | 그림 김이솔

해와나무

옛 물건과 함께 떠나는 과거로의 시간 여행

　오래 가지고 놀던 장난감, 오래 읽은 동화책, 오래 메고 다닌 가방……. 이렇게 오래 쓴 물건에는 추억이 담겨 있어요. 그래서 아무리 낡아도 쉽사리 버리지 못하고 자기만의 보물 상자에 고이 고이 간직하게 되지요.
　그렇다면 우리 겨레가 옛날부터 써 온 물건에는 얼마나 많은 추억이 깃들어 있을까요?
　설날 허리춤에 매달고 다니는 복주머니에는 새해를 맞아 만복이 깃들기 바라던 겨레의 마음이 담겨 있어요. 시골집 장독대에 나란히 놓인 옹기에는 먹을 것을 구하기 힘든 때를 대비해 장과 김치를 담그던 겨레의 지혜가 담겨 있고요.
　큰 고을 관아마다 하나씩 설치되어 있던 측우기에는 비가 온 양을 측정해 이용하려던 겨레의 과학성이 숨어 있고, 마을 어귀에 우뚝 서 있는 장승에는 나그네의 안전을 빌어 주던 옛사람들의 인정이 숨어 있지요.

  '옛 물건으로 만나는 우리 문화' 시리즈는 대대로 이어지는 옛날 물건을 통해 우리 겨레의 삶과 지혜, 문화와 풍습을 살펴보고자 마련되었어요.

  복주머니와 그네, 가마솥과 뚝배기, 쟁기와 물레 등 손때 묻은 옛 물건들과 함께 과거로 시간 여행을 떠나 보도록 해요. 그래서 역사 속에 생생하게 살아 있는 옛 물건을 살펴보고, 옛 물건 속에 생생하게 살아 있는 역사를 찾아봅시다.

햇살과나무꾼

차례

들어가는 글   나그네의 괴나리봇짐에는 무엇이 들었을까?   8

이야기마당   좁쌀 한 톨로 장가 든 청년   10

정보마당   서울에서 부산까지 걸어서 20일   18
장승 | 주막 | 괴나리봇짐 | 짚신 | 모정 | 돌무더기 서낭

벼슬아치들의 자가용, 가마   22
사인교 | 가교 | 평교자 | 초헌 | 남여 | 가마 요강

가장 빠른 교통수단, 말   26
도제기마인물상 | 안장 | 약질이 | 재갈 | 노둣돌 | 말군

말을 빌려 주고 잠도 재워 주던 역참   30
마패 | 검은 패랭이 | 수레 | 객사 | 편자

밭도 갈고 짐도 나르던 소   34
달구지 | 길마 | 옹구 | 거지게 | 걸채 | 부담기

마을과 마을, 사람과 사람을 이어 주던 다리   38
흙다리 | 징검다리 | 나무다리 | 돌다리 | 무지개다리 | 배다리

물길 따라 사람과 짐을 실어 나르던 배   42
조운선 | 뗏목 | 통나무배 모양의 토우 | 나룻배 | 통신사선

외적의 침입을 알리던 봉수 46
봉수대 | 뿔나팔 | 신기전 | 신호연 | 북과 징 | 효시

지남철을 들고 북경을 찾아간 사신들 50
지남철 | 배 | 입연정도도 | 천막 | 자명종과 천리경 | 옷감과 쌀

사람 편에 주고받던 편지 54
방물 | 패랭이 | 내간 | 성문 | 서간 고비 | 벙거지

배움마당
동북아시아의 바다를 주름잡던 장보고 58
수레가 많아야 나라가 발전한다고? 60
'한참' 속에 숨은 역사 62
선비의 벗, 나귀 64
옛날에도 여행객들을 위한 숙박 시설이 있었을까? 65
암행어사는 어떻게 일했을까? 66
임진왜란 때 잠을 자던 봉수 68
동관대궐 앞 좌포도청 행랑 뒤편 세 번째 기와집 서향대문 김주사 댁 70
전화 예절을 지키시오 72
우리나라 최초의 대중 교통 수단, 전차 74

익힘마당
교통 수단은 어떻게 발달해 왔을까? 76
통신 수단은 어떻게 발달해 왔을까? 78

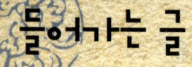

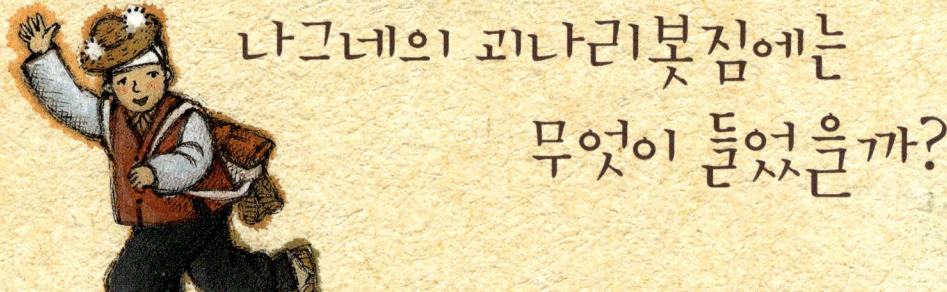

    기차와 자동차가 우리나라에 들어온 지는 이제 겨우 120여 년이 되었어요. 그렇다면 그 전에 우리 조상들은 어떻게 여행을 다녔을까요? 무엇을 타고 다니고, 지치면 어디에서 쉬어 갔을까요? 여행에 필요한 짐은 무엇이고 어떻게 챙겼으며, 가다가 길은 어떻게 찾았을까요?

    우리나라에 지금처럼 우편배달부가 다니고 전화가 놓이기 시작한 지는 이제 겨우 130년 정도가 되었어요. 그렇다면 우편배달부도 없고 전화도 없을 때 우리 조상들은 어떻게 소식을 주고받았을까요? 사랑하는 처녀, 총각은 서로 어떻게 편지를 주고받고, 시집간 딸은 멀리 사는 그리운 친정어머니와 어떻게 연락을 주고받았을까요? 또 외적이 국경을 넘어 쳐들어왔을 때 국경 지방의 관리들은 이 사실을 어떻게 조정에 알렸을까요?

먼 길 가는 나그네들이 등에 지고 가던 괴나리봇짐과 길을 알려 주던 장승, 길손들에게 먹을 것과 묵을 방을 제공하던 주막, 외적의 침입을 알리던 횃불과 연기 등 귀에 익은 옛 물건을 살펴보도록 해요. 그리고 이런 물건들을 통해 옛날 사람들은 어떻게 여행했는지, 어떻게 서로 소식을 주고받았는지 알아보아요. 아주 재미있고 신기한 교통, 통신의 세계가 우리 앞에 펼쳐질 거예요.

좁쌀 한 톨로 장가 든 청년

옛날 한 마을에 가난해서 장가를 못 간 총각이 하나 있었어요. 결국 총각은 고향을 떠나기로 마음먹었어요. 넓은 세상으로 나가면 삶이 좀 달라지지 않을까 싶었거든요.

마침내 총각은 짚신 몇 켤레와 쌀독에 남아 있던 좁쌀 한 톨을 챙겨 가지고 괴나리봇짐을 둘러메고 길을 나섰어요. 해가 저물어 주막에 도착한 총각은 심각한 목소리로 말했어요.

"제 전 재산이에요. 내일 아침 제가 떠날 때까지만 좀 맡아 주세요."

총각은 조심조심 주막 주인의 손에 뭔가를 쥐여 주었어요. 주인은 기대에 부풀어 손을 펼쳐 보았어요. 그러고는 혀를 끌끌 찼답니다.

"나 참, 겨우 좁쌀 한 톨이잖아!"

주인은 좁쌀을 마당으로 던져 버렸어요. 그러자 쥐 한 마리가 달려 나와 좁쌀을 냉큼 물고 갔어요.

아무것도 모르는 총각은 이튿날 아침에 주막 주인에게 좁쌀을 돌려 달라고 했어요.

"어쩌지? 어젯밤에 우리 집 쥐가 먹어 버렸는걸."

주인의 대꾸에 총각이 벌컥 화를 냈어요.

"아니, 그게 어떤 좁쌀인 줄 알고! 어떻게 손님이 맡긴 물건을 쥐가 물어 가게 할 수 있어요?"

총각은 길길이 뛰었어요. 주막 손님들이 모두 나와 보고, 지나가던 사람들까지 담장 안을 기웃거릴 정도였지요. 총각의 기세에 주막 주인은 아주 쩔쩔 맸어요.

"정말 미안하게 됐네. 다 내 잘못이야. 어떻게 해야 자네 마음이 풀리겠나?"

총각이 대답했어요.

"다 필요 없고, 내 좁쌀을 먹은 그 쥐를 잡아 주세요!"

주막 주인은 총각의 부탁을 들어줄 수밖에 없었어요.

이제 총각은 좁쌀 한 톨을 먹은 쥐를 끈에 묶고서 길을 나섰어요. 그리고 해가 저물자, 다시 주막에 들렀지요.

이번에 총각은 쥐를 주막 주인한테 맡겼어요.

"제 전 재산이에요. 내일 아침 제가 떠날 때까지만 맡아 주세요."

두 번째 주막 주인도 대답은 잘했어요. 하지만 쥐를 아무 데나 묶어 두었다가 고양이 밥이 되게 하고 말았지요.

다음 날 총각이 쥐를 돌려 달라고 하자, 주막 주인이 말했어요.

"어쩌지? 어젯밤에 우리 집 고양이가 잡아먹어 버렸는걸."

총각은 펄쩍 뛰었어요.

"아니, 그게 어떤 쥐인 줄 알고! 어떻게 손님이 맡긴 걸 고양이가 물어 죽이게 할 수 있어요?"

총각의 기세에 두 번째 주막 주인도 사정을 했어요.

"정말 미안하게 됐네. 다 내 잘못이야. 어떻게 해야 자네 마음이 풀리겠나?"

총각이 대답했어요.

"다 필요 없고, 내 쥐를 잡아먹은 그 고양이를 잡아 주세요."

총각은 고양이를 받아 가지고 다시 길을 나섰어요. 그러고는 다음 주막 주인한테 그 고양이를 맡겼지요. 세 번째 주막 주인은 그 고양이를 마구간에 묶어 두었어요. 그런데 그 집 망아지가 그만 밟아 죽이고 말았답니다.

"아니, 그게 어떤 고양이인 줄 알고! 어떻게 손님이 맡긴 걸 망아지가 밟아 죽이게 할 수 있어요?"

총각은 또 온 동네가 시끄러워질 만큼 길길이 뛰었어요. 난처해진 주인이 말했어요.

"정말 미안하게 됐네. 다 내 잘못이야. 어떻게 해야 자네 마음이 풀리겠나?"

총각이 대답했어요.

"다 필요 없고, 내 고양이를 밟아 죽인 그 망아지를 주세요."

총각은 망아지를 끌고 다시 길을 나섰어요.

그리고 다음 주막에서는 그 망아지를 주인한테 맡겼지요. 네 번째 주막 주인은 그 망아지를 외양간에 넣어 두었어요. 그런데 외양간에서 망아지가 그 집 황소와 싸우다가 뿔에 받혀 죽고 말았답니다. 난처해진 주막 주인은 총각한테 황소를 주었고, 총각은 어느덧 한양으로 황소를 끌고 들어갔어요. 그리고 한 주막에서 주인한테 황소를 맡기고 잠이 들었지요.

그런데 아침에 주막 주인이 심각한 얼굴로 총각을 찾아왔어요.

"아이고, 손님. 이거 미안해서 어쩌죠? 손님 소가 우리 소인 줄 알고 우리 집 애가 그만 팔아 버렸다지 뭡니까? 대신에 우리 소를 가져가면 안 되겠습니까?"

"아니, 그게 어떤 소인 줄 알고! 어떻게 손님이 맡긴 황소를 팔아먹을 수가 있어요?"

총각은 다시 길길이 뛰었어요. 그러고는 "다 필요 없고, 내 황소를 사 간 집에 나를 데려다 주세요." 하고 으름장을 놓았지요.

주막 주인은 하는 수 없이 황소를 사 간 집으로 총각을 데리고 갔어요. 그곳은 조정에서 가장 높은 정승이 사는 집이었어요.

하지만 총각은 조금도 주눅이 들지 않았어요. 문을 벌컥 열고 성큼성큼 들어가서는 다짜고짜 으름장을 놓았지요.
"내 황소를 내놓으세요!"
"황소라니?"
깜짝 놀란 정승이 묻자, 주막 주인이 사정을 이야기했어요. 그러고는, "저희 황소를 드릴 테니 이 총각의 황소를 돌려주시면 안 되겠습니까?" 하고 물었지요.
정승은 난처한 표정을 지었어요.

"그 소는 벌써 잡아 버렸는걸. 오늘이 우리 딸 생일이라서 말이야."

총각은 길길이 뛰었어요.

"어떻게 남의 소를 허락도 없이 잡을 수가 있습니까?"

"정말 미안하게 됐네. 대신에 자네가 원하는 걸 무엇이든 들어줄 테니 한번 말해 보게나."

정승이 묻자 총각이 대답했어요.

"다 필요 없고, 내 황소를 잡게 만든 그 사람을 주십시오."

자기 황소를 잡게 만든 사람을 내놓으라니, 그건 정승의 딸을 내놓으라는 소리와 마찬가지였어요. 정승은 기가 막혀 웃음을 터뜨렸어요. 그러고는 총각을 찬찬히 살펴보았지요. 정승은 어쩐지 그 총각이 밉지가 않았어요. 오히려 총각의 재치 있는 대꾸가 귀엽다는 생각까지 들었답니다.

이렇게 해서 총각은 정승 집에 장가를 들게 되었어요. 그리고 글공부를 해서 훌륭한 벼슬아치가 되었지요. 이 모든 것이 좁쌀 한 톨에서 비롯된 일이랍니다.

서울에서 부산까지 걸어서 20일

옛날에는 자동차나 기차도 없고, 큰 도로나 기찻길도 없었어요. 변변한 교통수단이 없어서 사람들은 아무리 먼 길도 대부분 걸어서 오갔어요. 건넛마을 친척집에서 열리는 혼례도 걸어서 다녀왔고, 읍내에서 열리는 장도 걸어서 다녀왔어요. 장사꾼들도 걸어서 온 나라를 돌며 장사를 했고요.

먼 길을 걸어 다니려면 힘도 많이 들고 시간도 많이 걸려요. 읍내에 장을 보러 가는 데 한나절이 걸리는 것은 예사였고, 부산 사는 선비가 서울로 과거를 보러 가려면 낮 동안을 꼬박 걸어도 20일 정도가 걸렸답니다.

장승 나무나 돌에 사람 모양을 새겨 마을 입구에 세워 놓던 것을 말해요. 잡귀나 질병으로부터 마을을 지켜 준다고 전해지지요. 조선시대에 나라에서는 나그네들에게 길을 알려 주기 위해 장승을 세우기도 했어요. 길을 따라 일정한 거리마다 장승을 세우고 그곳이 어디이며 가까운 고을이 얼마나 떨어져 있는지 한문으로 새겨 놓았지요.

장승도 남자, 여자가 있다고?

장승은 대개 남녀 쌍으로 세워요. 남자 장승은 땅 위를 다스리는 천하대장군이라고 하며 머리에 관모를 쓰고 있어요. 여자 장승은 땅속을 다스리는 지하대장군 또는 지하여장군이라고 부르는데 머리에 관모가 없답니다.

주막

나그네들이 묵던 곳이에요. 술이나 밥을 사 먹으면 공짜로 잠을 재워 주었지만, 좁은 방에서 10여 명이 이부자리도 없이 함께 자야 했지요. 1600년대 이전까지는 이런 주막마저 없어서 먼 길 가는 나그네들은 민가에 신세를 져야 했어요. 다행히 인심이 좋아서 옛날에는 먼 길 가는 길손을 누구나 반갑게 맞아 주었답니다.

괴나리봇짐

옛날 사람들이 먼 길을 갈 때 걸머지던 자그마한 짐을 말해요. 커다란 베 보자기에 여행에 필요한 물건을 넣고 둘둘 말아 꾸렸지요. 괴나리봇짐에는 대개 갈아입을 옷과 여행에 필요한 경비가 들어 있었어요. 1600년대 이전까지는 돈이 널리 쓰이지 않아, 나그네들은 괴나리봇짐에 베를 넣고 다니다가 필요할 때마다 끊어서 썼답니다.

짚신

짚으로 삼은 신이에요. 가난한 백성들이 많이 신었지요. 옛날에 먼 길 가는 나그네들은 괴나리봇짐에 짚신을 주렁주렁 매달고 다녔어요. 짚신은 약해서 온종일 신고 걸으면 하루도 못 가 닳아 빠지고 말았거든요.

모정

마을 어귀의 큰 나무 밑에 세워진
정자를 말해요. 마을 사람들이 중요한 일을
함께 의논하던 곳이었는데, 나그네들한테는
지친 다리를 쉬어 가는 곳으로도 쓰였어요.
조선시대에 나라에서는 나그네들을 위해
5리(약 2킬로미터)마다 하나씩
이러한 정자를 세우기도 했어요.

돌무더기 서낭

마을 입구의 큰 나무 밑이나 고갯마루 등에
수북이 쌓아 놓은 돌무더기를 가리켜요.
마을을 지키는 수호신이 깃들인 곳이라고 해서
신성하게 여겨졌지요. 돌무더기 서낭 앞을
지날 때 나그네들은 침을 세 번 뱉거나,
돌 세 개 또는 소나무 가지 세 개를 던져 놓았어요.
외발로 세 번을 뛰는 사람들도 있었어요.
모두 재앙을 몰아내고 여행길의 안전을
빌기 위한 행동이었답니다.

벼슬아치들의 자가용, 가마

조선시대에 지체 높은 양반들은 가마를 타고 다녔어요. 특히 벼슬아치들은 관청으로 출근하고 퇴근할 때 가마를 자가용처럼 이용했지요. 그러다 보니 가마는 신분이나 지위를 나타내는 상징으로 여겨지기도 했어요. 실제로 조선시대에는 벼슬이나 신분의 높낮이에 따라 탈 수 있는 가마의 종류와 가마를 메는 가마꾼의 수, 뒤따르는 하인의 수가 달라졌답니다.

일반 백성들이 가마를 타기 시작한 것은 임진왜란이 끝난 뒤부터였어요. 신분 질서가 흔들리면서 백성들도 돈만 있으면 가마를 탈 수 있었는데, 특히 새색시는 대부분 가마를 타고 시집을 갔답니다.

사인교 조선시대에 판서(지금의 장관급 관리) 이상의 관리들이 타던 가마예요. 앞뒤에 각각 두 사람씩 모두 네 사람이 멘다고 해서 '사인교'라 불렀지요. 판서가 행차할 때 사인교 앞에서는 하인 하나가 "물렀거라, 치었거라!" 하고 호령하며 길잡이 노릇을 했어요. 그러면 백성들은 재빨리 길을 터 주며 눈에 띄지 않는 곳으로 숨거나 그 자리에 엎드려야 했답니다.

가마를 타면 멀미가 났다고?

가마는 사람이 메고 가는 것이라 가마꾼들이 발을 내디딜 때마다 출렁거렸어요. 더욱이 가마 안이 좁아서 가마를 탄 사람은 몸을 자유롭게 움직일 수 없었지요. 그래서 가마를 처음 탄 사람은 멀미를 하는 일이 많았답니다.

가교

임금이 먼 길을 갈 때 타던 가마예요. 앞뒤로 말을 한 필씩 묶어 말 두 마리가 끌고 가게 했지요. 자객을 막기 위해 임금이 가교에 탄 것처럼 꾸미고는 말을 타고 가거나, 가교의 앞이나 뒤에 빈 가교를 한 대 더 거느리고 가기도 했어요.

평교자

종1품(지금의 부총리급 관리) 이상의 관리들이 타던 가마예요. 끌채에 끈을 묶어 가마꾼 네 사람이 걸머졌지요. 평교자는 지붕이 없어 사인교보다 시원하고 몸을 움직이기 편했지만, 햇빛을 막기 위해 하인 하나가 양산처럼 생긴 커다란 햇빛 가리개를 들고 따라다녀야 했답니다.

초헌

판서 이상이 타던 외바퀴 수레예요. 좌석이 높아서
보는 사람으로 하여금 저절로 주눅이 들게 했지요.
하지만 높은 좌석 때문에 타고 있는 사람은 기와집 처마 끝에
이마를 부딪히기도 했답니다. 또 몹시 덜컹거려서
자칫하다가는 혀를 깨물기도 했대요.

남여

나이 든 대신들이 즐겨 타던 가마예요. 지붕이 없어
시원하고, 발디딤판과 등받이, 팔걸이가 있어 편안했지요.
그래서 임금도 가까운 곳으로 행차할 때는 남여를 타곤 했어요.
하지만 벼슬이 아무리 높아도 젊은 관리가 남여를 타면
건방지다고 손가락질을 당했답니다.

가마 요강

가마 안에서 쓰던 휴대용 변기예요. 특히 먼 곳으로
시집가는 새색시는 가마 안에 꼭 넣고 갔어요.
가마 요강은 대개 친정어머니가 준비해 주었는데
오줌을 눌 때 소리가 나지 않도록 안에 솜이나
콩, 팥 같은 것을 넣고 쓰기도 했답니다.

가장 빠른 교통 수단, 말

자동차나 기차가 개발되기 전까지 말은 가장 빠른 교통 수단이었어요. 서울에서 부산까지 걸어가면 20일 정도가 걸렸지만, 말을 타고 가면 5일 만에 닿을 수 있었지요.

하지만 말은 너무 비싸고 귀해서 아무나 타고 다니지 못했어요. 말 한 필 값이 노비 두어 명 값과 맞먹을 정도였으니, 가난한 백성들한테는 그림의 떡이었지요. 군대에서 쓸 말도 부족했기 때문에 나라에서도 아무나 말을 타지 못하게 했어요. 특히 조선시대에 도읍지인 한양에서는 노인과 환자를 제외하고는 양반만 말을 탈 수 있었답니다.

도제기마인물상 신라시대에 만들어진 진흙 인형이에요. 사람이 죽었을 때 무덤에 껴묻던 것인데, 조랑말을 타고 가는 사람의 모습을 표현하고 있지요. 실제로 우리 전통 말은 조랑말처럼 키가 무척 작았어요. 과일나무 밑을 지나다니는 말이라고 해서 '과하마', 키가 3척(약 91cm)밖에 안 된다고 해서 '삼척마'라고 불리기도 했지요. 하지만 과하마는 험한 산악지대에서도 지치지 않고 잘 달리는 튼튼하고 굳센 말이었답니다.

말 토기를 무덤에 껴묻은 까닭은?
옛날 사람들은 말이 죽은 사람의 영혼을 저세상으로 이끌어 준다고 믿었어요. 그런데 살아 있는 말을 묻을 수가 없어 진흙 인형을 대신 묻었답니다.

안장

사람이 말을 타기 편하도록 말 등에 얹는 자리예요.
가죽이나 나무로 만드는데, 밑에 '언치'라는 두꺼운 천을 깔아
충격을 흡수하고 말의 살갗이 벗겨지지 않도록 보호해 주었어요.

약질이

말에게 약을 먹이던 약통이에요.
옛날에는 말이 아주 귀해서 말의 건강을 보살피던 수의사가
따로 있었어요. 이 수의사를 '마의'라고 하는데,
말이 병이 나면 마의는 말의 목구멍 깊숙이 약질이를
밀어 넣고 약을 먹이거나 침을 놓아 주었답니다.

재갈

말의 입에 가로물리던 쇠토막이에요. 고삐와 연결해
말을 다루는 역할을 하지요. 고삐를 오른쪽이나
왼쪽으로 당기면 그 힘이 재갈을 통해 말에 전달되어,
말이 고삐를 당기는 방향으로 움직여요.
또 말이 재갈을 문 상태에서 고삐를 팽팽하게
계속 당겨 주면 말이 가라는 신호로 알고
계속 달려가고, 말의 머리가 뒤로 젖혀지도록
잡아당기면 멈추라는 뜻으로 알고 멈추지요.

노둣돌

양반집 솟을대문 앞에 놓여 있던 큰 돌이에요.
말을 타거나 내릴 때 밟고 설 수 있도록 마련해 둔 것이지요.
옛날에 양반들은 벼슬이 있고 없고 관계없이
말과 조랑말, 나귀를 즐겨 탔어요.

말군

여자들이 말을 탈 때 치마 안에 입던 바지예요.
조선시대에 양반집 부녀자들은 가마보다 말을 많이 탔어요.
또 다리를 모으고 타던 서양 여성들과 달리
남자처럼 다리를 양쪽으로 벌리고 말을 탔지요.
이런 자세로 말을 타면 치마가 올라갈 수 있기 때문에
부녀자들은 말을 탈 때 반드시 속옷 위에
말군을 겹쳐 입었답니다.

말을 빌려 주고
잠도 재워 주던 역참

지금처럼 아스팔트가 깔린 넓고 곧은 길은 아니었지만 옛날에도 도로가 있었어요. 특히 조선시대에는 한양에서 의주, 서수라, 동해, 부산, 통영, 제주도 등지로 9개의 큰 길을 내고 사이사이에 고을과 고을을 잇는 작은 길을 내 도로로 이용했지요. 이 도로를 역로라고 하는데, 옛날에 각 역로에는 30리마다 하나씩 역이나 참이 있었어요.

역참에서는 말이나 수레, 가마 등을 준비해 두었다가 중앙과 지방 사이에 공문서를 전하거나 나랏일에 필요한 물자를 나르는 일을 도왔어요. 또 역로를 오가는 관리들에게 먹을 것과 잠자리를 제공하기도 했답니다.

마패 역에서 말을 빌릴 때 내보이던 표예요. 관리들이 지방으로 출장 갈 때 조정에서 내주던 것으로, 뒷면에는 1마리부터 10마리까지 말의 수가 새겨져 있어 관리들이 그 수만큼 역에서 말을 빌릴 수 있었지요. 지방으로 내려가 백성들의 어려움을 살피고 못된 관리들을 혼내 주던 암행어사도 마패를 지니고 다녔답니다.

암행어사는 어떤 마패를 썼을까?

암행어사는 대개 말 두세 마리가 그려진 마패를 지니고 다녔어요. 하지만 신분을 속이고 활동했기 때문에 말을 빌려 쓰는 일이 많지 않았답니다.

검은 패랭이

역졸들이 쓰던 모자예요. 역졸이란 역에 딸리어
심부름하던 사람을 말해요. 역을 오가는 관리들이
먹고 자는 일을 돌보거나 말을 보살피고, 다음 역으로
달려가 나라의 문서를 전하는 일을 했지요.
암행어사가 지방의 관아로 출두할 때는 "암행어사, 출두요!" 하고
외치며 관아로 달려 들어가는
군사 역할을 하기도 했어요.

수레

역은 대차, 편차, 곡차 같은 수레를 갖추어 두고
나라에 필요한 물건들을 나르는 일을 돕는 역할도 했어요.
그런데 조선시대까지 우리나라는 길이 좁고 울퉁불퉁해서
수레는 짧은 거리로 물건을 실어 나를 때만 쓰였어요.
먼 거리까지 물건을 나를 때는 사람이나 말,
또는 소가 지고 가거나 배를 이용했지요.

객사

역은 나그네들에게 잠자리를 제공하는 일도 했어요. 역에 숙소를 마련해 두고 지방 출장을 가는 관리들이나 나그네들이 묵어가도록 한 거예요. 높은 벼슬아치들이나 사신들은 지방을 오갈 때 역 대신에 관아에 딸린 관사인 객사나 역과 역 사이 교통의 요지에 있는 원에서 묵기도 했어요. 그런데 나라에서 운영하던 이 숙박시설 가운데 지금까지 남아 있는 것은 객사뿐이랍니다.

편자

말의 발굽이 닳지 않도록 말굽 바닥에 대던 쇳조각을 말해요. 임진왜란이 끝난 뒤에는 파발이라는 통신제도가 생겨나, 역참에서 말이나 발 빠른 사람을 이용해 나랏일에 필요한 문서나 소식을 전했어요. 이때 말을 이용한 통신을 '기발'이라고 하는데, 기발은 조선 후기까지 가장 빠르고도 정확한 통신 수단으로 여겨져 군사적으로 중요하게 쓰였어요.

밭도 갈고 짐도 나르던 소

 50~60년 전까지만 해도 소가 볏단을 가득 실은 달구지를 끌고 덜그덕덜그덕 시골길을 가는 모습을 우리 농촌 어디에서나 볼 수 있었어요. 사실, 소는 아주 오래전부터 짐과 사람을 실어 나르는 교통수단으로 중요하게 쓰였어요. 달구지, 걸채, 옹구, 거지게, 부담기 등 소의 등에 무엇을 싣느냐에 따라 갖가지 운반 수단이 개발될 정도였지요.

 밭을 갈고 무거운 짐을 실어 날라 힘든 농사일을 도와주는 존재였기 때문에 옛날 농부들은 소를 가족처럼 아끼고 사랑했어요. 기르던 소는 함부로 잡지 않았고, 온종일 밭일을 하고 돌아올 때는 소가 지칠까 봐 등에 올라타지 않고 뒤에서 터벅터벅 걸어왔답니다.

달구지

소가 끌던 짐수레예요. 소는 말보다 느리지만 힘이 세기 때문에 무거운 짐을 많이 나를 수 있어요. 특히 곡식 가마니처럼 무거운 물건을 많이 실어 나를 때 달구지를 소에 걸어 끌게 했지요. 요즘 달구지 바퀴는 대부분 고무 타이어지만, 옛날 사람들은 대부분 나무 바퀴에 쇠테를 둘러 바퀴로 썼답니다.

지방마다 달구지 바퀴 수가 달랐다고?
평야가 많은 남쪽 지방의 달구지는 바퀴가 넷이고 산이 많은 북쪽 지방에서는 바퀴가 둘이었어요. 울퉁불퉁한 험한 산길에서는 두 바퀴 달구지가 네 바퀴 달구지보다 끌기 쉽거든요.

길마

짐을 싣기 전에 소의 등에 얹던 받침대예요.
무거운 짐에 소가 등을 다치지 않도록
옛날 사람들은 짚으로 짠 담요를 깔고
길마를 얹은 다음에 소 등에 물건을 실었어요.

옹구

나무틀에 가마니를 붙여 만든
운반 도구예요. 길마에 얹어
두엄이나 모래, 호박, 감자 등을
나를 때 썼어요.

거지게

소가 지던 지게예요. 길마 위에 얹어 나무나 바윗돌처럼 아주 무거운 짐을 나를 때 썼어요.

걸채

나무로 된 틀에 새끼줄을 달아 만든 운반 도구예요. 길마에 얹어 사용했는데, 볏단이나 보릿단처럼 부피는 크지만 무게는 얼마 안 되는 물건을 나를 때 썼지요.

부담기

말이나 소의 등에 얹던 네모난 틀이에요. 짐을 싣기도 하고, 어린이와 부녀자, 늙은 할머니, 할아버지 등 약한 사람을 태우기도 했어요.

마을과 마을, 사람과 사람을 이어 주던 다리

지나는 길에 개울이 있거나 발이 빠지는 늪이 있을 때 아주 먼 옛날 사람들은 발을 적시며 건너가거나 돌아갔어요. 그러다가 지혜가 더욱 발달하면서 개울이나 늪, 골짜기 같은 장애물을 좀 더 편하게 건널 방법을 궁리하게 되었지요. 다리는 이렇게 시작되어 마을과 마을, 사람과 사람을 이어 왔어요.

처음에는 돌을 띄엄띄엄 놓거나 통나무를 놓아 발이 빠지지 않고 다닐 수 있게 하던 것이, 나중에는 홍수가 나도 떠내려가지 않는 튼튼한 돌다리와 아름다운 무지개다리도 놓게 되었지요. 그뿐인가요? 조선시대에 우리 조상들은 배를 서로 이어 붙여 한강을 건너는 배다리를 만들기도 했답니다.

흙다리

완전히 흙으로 만든 다리는 아니에요. 나무로 다리의 뼈대를 짠 다음에 솔가지나 떼장을 다리 바닥에 깔고 흙을 다져 만들었지요. 마을 사람들이 힘을 합쳐 놓았는데, 여름 장마에 쉽게 떠내려가 가을걷이를 마친 뒤에 다시 놓곤 했답니다.

다리 바닥에 왜 흙을 덮었을까?
산에서 베어 낸 나무는 곧지 않고 울퉁불퉁해요.
이런 나무로 다리를 지으면 다리 바닥에 틈이 생겨 발이 빠지거나
비틀거리다가 물에 빠질 위험이 있지요. 흙은 이러한 다리
표면을 고르게 덮어 사람들이 다리를 안전하게
건널 수 있게 했답니다.

징검다리

바윗돌이나 흙더미를 드문드문 놓아 디디고 건너게 만든 다리예요.
가장 간단하게 놓을 수 있는 다리로, 대개 물이 아주 얕은 곳에
놓았지요. 징검다리는 디딤돌의 높이나 폭이 일정하지 않아
사람이 건너다니기에 불편하고, 수레는 아예 건널 수 없는 문제점이 있었어요.

나무다리

흙다리와 함께 가장 흔하던 다리예요.
흙다리처럼 장마철에 물이 불으면 강물에 쉽게
휩쓸려 갔기 때문에 이제 대부분 없어지고
현대식 다리로 바뀌었지요.

돌다리

돌다리는 지을 때는 힘이 많이 들지만
장마철에도 떠내려가지 않아요.
덕분에 해마다 다리를 다시 놓는
번거로움에서 벗어날 수 있지요.

무지개다리

돌다리의 하나로, 홍교·홍예교·아치교라고도 해요.
다리 밑이 무지개 모양을 하고 있는 것이 특징이지요.
무지개다리는 쌓기가 힘이 들어 많이 세워지지 않았어요.
하지만 옛 다리 가운데 가장 튼튼해서 지금까지 가장 많이 남아 있답니다.

배다리

외적의 침입을 막기 위해 조선시대에 한강에는 일부러
다리를 놓지 않았어요. 그 탓에 사람들은 한강을 건너려면
나룻배를 타야 했지요. 그런데 임금이 한강을 건널 때는
따라나서는 사람이 많고 안전 문제도 있어서 나룻배를 이용하기가
불편했어요. 배다리는 그래서 만든 다리예요. 말 그대로 배로 만든
다리인데, 배 수십 척을 나란히 놓고 그 위를 판자로 고정시켜
수백 명이 지나갈 수 있도록 한 임시 다리랍니다.

물길 따라 사람과 짐을 실어 나르던 배

요사이에는 강에 배가 다니는 일이 흔하지 않아요. 강마다 다리가 가로놓이고 사람들이 자동차나 기차를 타고 다리 위를 쌩쌩 지나다니지요.

그런데 조선시대까지 배는 사람과 짐을 실어 나르는 아주 중요한 교통수단으로 쓰였답니다. 옛날 사람들은 길이 발달하면 외적이 쳐들어오기 쉽다고 여겨 큰 강에 일부러 다리를 놓지 않았거든요. 깊은 골짜기도 길을 닦지 않아 말 한 필 지나다니기 힘든 곳이 많았고요.

대신에 조정에서는 나라 살림에 필요한 물자를 배에 실어 큰 강이나 바다를 통해 한양으로 날랐어요. 사람들도 큰 강은 대개 배를 타고 건너다녔답니다.

일본 해적의 습격 대상이 되던 조운선
나라가 어수선하던 고려 말과 조선 초에 일본 해적들은 우리 바닷가에서 노략질을 일삼았어요. 이들을 왜구라고 하는데, 쌀과 옷감을 가득 실은 조운선은 왜구가 가장 좋아하던 약탈 대상이었답니다.

조운선 백성들이 세금으로 낸 쌀과 옷감을 실어 나르던 배를 말해요. 옛날에 백성들은 돈 대신에 쌀이나 옷감 등으로 세금을 냈어요. 쌀이나 옷감은 무겁고 부피가 많이 나가는데 길이 발달하지 않아 육지로는 나르기가 어려웠어요. 그래서 대개 배에 실어 물길로 한강까지 날랐답니다.

뗏목

통나무나 기다란 풀줄기를 나란히 이어 붙여
물에 띄운 것을 말해요. 가장 오래된 배라고
할 수 있는데, 조선시대에는 산간 지방에서
베어 낸 통나무를 한양으로 옮겨 집을 짓는 데
이용하게 해 주던 중요한 운반 수단이었답니다.

통나무배 모양의 토우

가야시대의 유물이에요. 흙으로 빚어 무덤에 함께
묻었던 것으로 우리나라 전통 배의 모습을 엿보게 해 주지요.
다른 나라 배는 대부분 배 바닥이 역삼각형으로 뾰족하지만,
우리 전통 배는 이 토우에 나타나듯이 배 바닥이 평평하답니다.
바닥이 평평한 배는 뾰족한 배보다 느리지만 안정감이 있고,
갯벌이 많은 우리 해안을 자유롭게 드나들 수 있는 장점이 있어요.

나룻배

나루와 나루 사이를 오가며 사람과 짐을 나르던 배예요. 옛날 사람들은 넓고 깊은 강을 건널 땐 나룻배를 탔어요. 나룻배는 돛대 없이 노를 저어서 가는 작은 배였지만, 배 바닥이 넓어 수레도 실을 수 있었어요. 배의 앞머리가 평평해 강변에 배를 대기도 편리했고요. 나룻배를 타고 다니던 사람들은 뱃삯을 추수 때 곡식으로 한꺼번에 치렀대요.

통신사선

조선시대에 일본으로 가는 통신사(사신)가 타던 배예요. 통신사는 풍악을 울릴 악공들과 기예를 선보일 공연단을 통신사선에 태우고 갔어요. 그리고 일본의 궁궐에 이르기까지 곳곳에서 공연을 펼쳐 보이게 했지요. 그 탓에 통신사가 일본의 통치자에게 우리 임금이 전하는 편지와 선물을 전하고 돌아오기까지 6개월이 넘는 긴 시간이 걸렸답니다.

외적의 침입을 알리던 봉수

전화나 인터넷 같은 통신 수단이 없던 시절에 갑자기 외적이 쳐들어오거나 위급한 일이 생기면 사람들은 어떻게 그 사실을 알렸을까요?

조선시대에 가장 빠른 통신 방법은 봉수였어요. 높은 산꼭대기에서 횃불이나 연기를 피워 연락을 주고받던 통신 제도였지요. 봉수를 올리던 산꼭대기의 대를 봉수대라고 하는데, 봉수는 전국 어디에서 피워 올려도 한양의 목멱산(지금의 남산)에 12시간 안에 도착하도록 되어 있었답니다.

봉수대의 신호를 읽는 방법은?
아무 일도 없을 때는 봉수대에 횃불이나 연기가 하나 올랐어요. 그리고 외적이 국경 지대에 나타나면 두 개, 외적이 국경으로 다가오면 세 개, 우리 배를 공격하거나 국경을 침범하면 네 개, 외적이 상륙하거나 국경에 침범한 적과 접전하면 다섯 개가 올랐지요.

봉수대 봉수를 올리던 대예요. 조선시대에는 이런 봉수대가 전국에 623개 있었는데, 대부분 서로 마주 보는 높은 산 꼭대기에 설치되었어요. 봉수대에서는 외적이 침입하거나 난리가 일어났을 때, 밤에는 횃불을 피우고 낮에는 연기를 올려 소식을 전했어요. 그런데 얼마나 위급한 일인지에 따라 횃불이나 연기를 올리는 수가 달라졌답니다.

뿔나팔

비가 와서 불이나 연기를 피울 수 없을 때 봉수대에서는 뿔나팔을 불거나 화포를 쏘아 소식을 전하기도 했어요. 그런데 뿔나팔은 소리가 작고, 화포는 쏘는 법을 아는 사람이 적어서 대개는 다음 봉수대로 봉수군이 직접 달려갔지요.

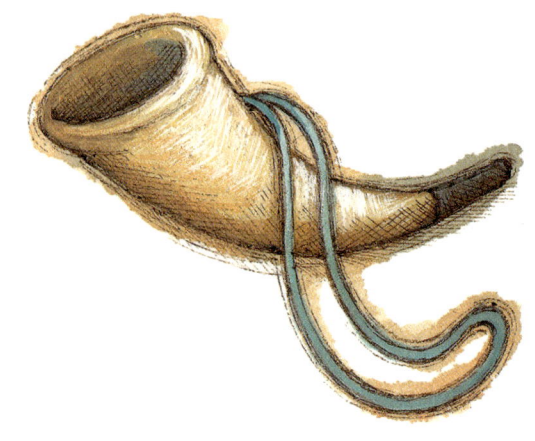

신기전

화약이 폭발하는 힘으로 날아가는 화살로, 일반 화살보다 훨씬 먼 거리까지 날아갈 수 있었어요. 조선시대에 신기전은 군대에서 신호 무기로 쓰이기도 했어요. 신기전을 쏘아올리는 개수와 방향, 발사 간격에 따라 각각 신호를 정해 놓고 전투에 이용한 거지요.

신호연

임진왜란 때 이순신 장군은 신호연을 띄워 작전 명령을 내렸어요. 충무공 이순신이 생각해 냈다고 해서 이 연을 '충무연'이라고도 하지요. 충무연은 지금까지 모두 30여 가지가 전해지는데, 무늬 색깔에 따라 이름과 신호법이 각각 달라요. 그림은 그 가운데, '된방구쟁이' 연으로, '달이 뜨면 공격한다'는 뜻을 담고 있답니다.

북과 징

마이크나 무전기가 없던 시절에 북과 징은 전투 명령을 알리는 도구로 쓰였어요. 북소리는 주로 "앞으로 나아가 싸우라!"는 명령을 대신하고, 징소리는 "뒤로 물러나라"는 명령을 대신했지요. 임진왜란 때 행주산성에서 왜군을 크게 물리친 권율 장군도 북을 쳐서 군사들에게 공격 명령을 내렸답니다.

효시

화살촉에 소리통이 달려 있어 날아갈 때 높고 날카로운 소리를 내던 화살이에요. 전투의 시작을 알리는 신호용 화살로 쓰였지요. 어떤 일이나 물건의 맨 처음을 일컬을 때 쓰는 '효시'라는 말도 여기에서 생겨났답니다.

지남철을 들고 북경을 찾아간 사신들

　우리나라는 예로부터 중국과 아주 가깝게 지냈어요. 조선시대까지 이러한 관계는 계속되어 한 해에 세 번씩 중국으로 사신을 보냈지요. 사신이란 임금의 명을 받아 외국으로 나가는 신하로, 지금으로 치면 외교관과 같은 벼슬이에요. 우리나라와 다른 나라 사이에 다리를 놓아 문물을 교류하고 평화를 유지하는 역할을 했지요.

　고려시대 이전까지 우리 사신들은 대개 배를 타고 중국으로 건너갔어요. 그러다 조선시대에 이르자 안전을 위해 육지를 통해 중국으로 건너가기 시작했지요. 우리 사신이 걸어서 북경까지 가는 데에는 약 50일이 걸렸답니다.

 **지남철** 옛날 나침반이에요. '윤도' 라고도 하는데, 한가운데 있는 막대 바늘이 늘 남북 방향을 가리키기 때문에 길을 찾는 데 큰 도움이 되었어요. 그래서 중국으로 가던 사신들과 길을 안내하는 역관들도 반드시 지남철을 지니고 다녔답니다. 모르는 곳에서 길을 잃더라도 바늘의 방향을 보고 목적지를 찾기 위해서였지요.

나침반의 바늘은 왜 항상 남북을 가리킬까?

나침반의 바늘은 자석의 성질을 띠고 있어요.
지구도 나침반처럼 자석의 성질을 띠고 있고요.
결국 S극을 띠는 지구의 북극이 나침반의 N극을 끌어당기고
N극을 띠는 남극이 나침반의 S극을 끌어당겨
나침반은 늘 남북을 가리키게 되는 거예요.

배

조선에서 중국으로 가는 사신들은 원래 바닷길을 이용했어요.
황해도 풍천이나 평안도의 선천에서 배를 타고
여러 섬을 지나 산동성의 등주를 통해 북경에 들어갔지요.
등주로 통하는 바닷길은 신라시대부터 당나라와
배가 오가던 동북아시아의 중요한 무역로였답니다.

입연정도도

열세 장으로 이루어진 〈여지도〉 가운데 하나예요.
우리나라의 의주에서 심양을 거쳐 북경에 이르는 길이
자세히 표시되어 있어 중국으로 가는 사신들이 지니고 다녔지요.

천막

우리나라를 벗어나기 전까지 사신 일행은 역에서 먹고 잤어요. 하지만 일단 중국 땅으로 들어가면 묵을 데가 없는 곳을 지나기도 했지요. 이럴 때 사신 일행은 길 위에 천막을 치고 밥을 먹거나 잠을 잤어요.

자명종과 천리경

중국의 수도에는 서양의 과학기기가 많이 들어와 있었어요. 중국에 간 우리 사신들은 돌아올 때 이러한 서양 문물을 조선으로 가지고 오기도 했지요.
이 그림은 사신들이 중국을 통해 들여온 서양의 자명종과 천리경(망원경)이에요.

옷감과 쌀

옛날에는 지금의 달러처럼 여러 나라가 함께 쓰는 돈이 없었어요. 청나라로 가는 사신들도 돈 대신에 옷감과 쌀, 특산물을 가져가 여행에 필요한 경비를 마련했지요. 이 때문에 사신들이 지나던 길에는 큰 장이 서곤 했답니다.

사람 편에 주고받던 편지

친구에게 말로 하기 힘든 이야기를 하거나, 마음을 전하고 싶을 때 우리는 편지를 써요. 그리고 우체국이나 이메일을 이용해 편지를 보내지요. 그런데 옛날 사람들은 어떻게 편지를 주고받았을까요?

조선시대에 나랏일에 필요한 문서는 대개 역을 통해 오갔어요. 양반들은 대개 거느리고 있는 종을 통해 편지를 보냈고요. 한편, 가난한 백성들은 방물 보따리를 들고 이 마을, 저 마을로 돌아다니는 방물장수나, 장을 찾아 이 고을 저 고을을 떠도는 장돌뱅이, 또는 먼 길 가는 이웃 사람 편에 편지를 맡겼답니다.

처녀, 총각도 짝지어 주던 방물장수
교통과 통신이 발달하지 않았던 옛날에는 이웃 마을 처녀, 총각에 대해 잘 알지 못했어요. 그래서 방물장수를 통해 괜찮은 며느릿감과 사윗감을 소개받고 매파를 놓아 청혼하곤 했지요.

방물 연지, 분, 거울, 빗, 비녀, 패물, 바느질 기구 등 여자들이 쓰던 물건을 말해요. 방물장수라 불리던 늙은 아낙들이 이 마을, 저 마을을 돌며 팔러 다녔는데, 방물장수가 오면 온 마을 아낙네가 한자리에 모이곤 했대요. 방물장수한테 재미있는 세상 이야기도 듣고, 친정집이나 친지들에게 보내는 편지를 맡기거나 기별을 보내기도 했거든요.

패랭이

옛날에 보부상들은 등짐이나 봇짐을 메고 온 나라를 돌아다니며 장사를 했어요. 사람들은 이러한 보부상들에게 멀리 사는 친지에게 보낼 편지나 물품 같은 것을 맡기기도 했지요. 패랭이는 신분이 낮은 사람들이 쓰던 갓을 말하는데, 보부상들은 특별히 갓끈 꼭대기 부분에 목화솜을 단 패랭이를 쓰고 다녔어요.

내간

옛날에 부녀자들이 주고받던 한글 편지를 말해요. 한글은 1446년 세종대왕이 만들었는데, 중국을 떠받들던 선비들은 한글을 '언문'이라 낮추어 부르며 쓰지 않으려고 했지요. 하지만 한글은 우리 말을 있는 그대로 나타내기 때문에 익히거나 쓰기 쉽고 마음을 전하기에 좋았어요. 그래서 궁중 여자들을 중심으로 부녀자들이 한글을 익혀 편지를 쓰기 시작했고, 나중에는 임금과 선비들도 딸이나 아내에게 편지를 쓸 때는 한글을 이용하게 되었답니다.

성문

성을 드나드는 문을 말해요. 나라에서 백성에게 알릴 이야기가 있을 때 옛날에는 성문이나 관청 문, 사람들이 많이 지나다니는 곳에 방문을 붙였어요. 방문은 '방'이라고도 하는데, 조정에서 백성에게 나랏일을 알리는 중요한 매체였지요.

서간 고비

편지를 꽂아 두던 세간이에요. 조선시대에 선비들은 학문이나 정치, 일상생활에 관한 이야기를 편지에 써서 노비나 아는 사람 편에 주고받곤 했어요. 이러한 편지 가운데 상당수는 지금까지 전해져 조선시대의 사상과 문화를 보여 주는 귀한 자료로 쓰인답니다.

벙거지

우리나라에 지금과 같은 우편제도가 시작된 것은 1895년에 서울에 우체사가 세워지면서부터예요. 이때 우편물을 나르던 사람을 '체전부', '우편군사', '체부'라고도 하고, 벙거지를 쓰고 다닌다고 '벙거지꾼'이라고도 했어요. 벙거지꾼은 대개 보부상이나 다리 힘이 좋은 물지게꾼 중에서 뽑았는데, 가죽으로 된 우편 배낭을 메고 짚신 두세 켤레와 누룽지 보따리를 차고서 한 시간에 10리씩 걸어 다녔답니다.

동북아시아의 바다를 주름잡던 장보고

장보고는 서기 800년 전후에 신라의 한 이름 없는 집안에서 태어났어요. 그 무렵에 신라는 신분 차별이 몹시 심했어요. 재주가 아무리 뛰어나도 집안이 좋지 못하면 뜻을 펼치지 못했지요. 그래서인지 장보고는 신라를 떠나 당나라에서 장수가 되었어요.

신라 사람이 당나라에서 장수가 된다는 것은 보통의 능력으로는 이루기 힘든 일이었어요. 하지만 신라 백성들이 해적의 손에 끌려와 당나라에서 짐승처럼 사고팔리는 것을 보고 장보고는 당나라 생활을 정리하고 신라로 돌아갔어요.

그러고는 군사 1만 명을 모아 청해(지금의 완도)에 진을 세우고 서남해안에서 노략질을 일삼던 해적들을 몰아냈지요. 덕분에 해안

지대에 살던 신라 백성들은 안심하고 농사를 짓고 고기잡이를 다닐 수 있게 되었어요. 또한 사신과 승려, 학생 들이 당나라와 신라, 일본 사이를 안전하게 오갈 수 있게 되었답니다.

장보고는 바닷길을 이용해 신라와 당나라, 일본 사이에서 장사를 하기도 했어요. 그리고 동북아시아의 바다를 주름잡는 해상왕이라는 칭송을 들었지요.

해상왕 장보고는 신라의 정치판에 뛰어들었다가 몰락하고 말았어요. 자기 딸을 왕의 두 번째 아내로 들이려하다가 귀족들의 반발에 부딪혀 실패했고, 결국 신라 조정에서 보낸 자객의 칼에 맞아 목숨을 잃고 말았지요. 이것이 846년의 일로, 그 뒤 청해진은 폐지되어 동북아시아의 바다를 주름잡던 해상왕국은 흔적 없이 사라지고 말았어요.

수레가 많아야 나라가 발전한다고?

조선 후기에 실학자 박지원과 박제가는 교통 수단과 관련해 아주 재미있는 주장을 폈답니다. 나라가 발전하고 백성들의 살림이 나아지려면 수레가 발전해야 한다고 한 거예요. 왜냐고요?

바퀴 달린 수레에 물건을 실으면 사람이나 가축의 힘만으로 물건을 나를 때보다 훨씬 쉽고 빠르게 물건을 나를 수 있어요. 그래서 수레가 발달하면 사람과 물건이 이곳저곳으로 쉽게 오가게 되고, 그에 따라 산업과 문화도 발달하게 되지요.

그런데 조선시대에 우리나라에서는 수레가 많이 쓰이지 않았어요. 수레가 쉽게 다니려면 넓고 반듯한 길이 있어야 하는데, 그때까지 우리나라의 길은 대부분 말 한 필이 지나다니기도 힘들 만큼 좁고 또 구불구불했거든요. 그뿐인가요? 개울에 놓인 나무다리는 좁아서 수레가 지나다닐 수 없었고 큰 강에는 아예 다리를 놓지 않았어요. 길이 넓고 반듯하고 다리가 잘 놓여 있으면 외적이 쳐들어오기 쉽다고 생각했기 때문이에요.

그 탓에 조선시대에는 사람이나 물건이 이곳저곳으로 오가기가 어려웠어요. 그러다 보니 바닷가에서는 젓갈이 남아서 버릴 지경인데, 내륙 지방에서는 젓갈이 귀해 구하기조차 힘든 일이 생겨나곤 했지요.

박지원과 박제가는 이런 점을 꼬집어 수레를 발달시켜야 한다고 주장했어요. 수레를 발달시키는 일은 곧 교통을 발달시키는 일이고, 교통이 발달하면 상업이 발달해 백성의 살림이 핀다고 본 거예요. 그러면 바닷가에 사는 백성들은 남는 젓갈을 내륙 지방에 팔 수 있게 되고, 내륙 지방 사람들은 젓갈을 값싸게 사 먹을 수 있게 될 테니까요.

'한참' 속에 숨은 역사

시간이 꽤 흘렀을 때 우리는 '한참 지났다'고 해요. 가야 할 길이 아직 멀 때는 '한참 멀었다'고 하고요. '한참'은 '시간이 꽤 흐르는 동안'을 가리키는 말이에요. 그런데 우리가 흔히 쓰는 이 말 속에 재미있는 역사가 숨어 있답니다.

조선시대까지 나라에서는 먼 지방으로 급한 문서나 소식을 전달할 때 역참을 이용했어요. 30리마다 하나씩 역이나 참을 두고, 역졸이나 군사가 다음 역으로 말을 타고 가거나 달려가서 문서나 소식을 전했지요. 그러면 다음 역에서 그 다음 역으로, 그 다음 역에서 또 그 다음 역으로 역졸이나 군사가 이어달리기를 하듯이 문서나 소식을 전했어요.

이때 말을 달려 문서나 소식을 전하던 것을 '기발'이라고 하고, 발로 달려 소식을 전하던 것을 '보발'이라고 해요. 옛날에는 말이 귀하고 말을 다룰 수 있는 사람이 많지 않아서 기발보다 보발이 널리 쓰였지요. 그런데 한 역참에서 다음 역참까지 다녀오려면 아무리 발이 빠른 사람도 한나절이 걸렸어요. 1리가 지금으로 치면 약 400미터 거리니까, 다음 역참까지 30리를 다녀오려면 왕복 24킬로미터 정도를 달려야 했거든요. 그것도 산길처럼 구불구불하고 돌부리가 잔뜩 깔려 울퉁불퉁한 길을 말이에요.

'한참'은 이러한 역참제도에서 생겨났답니다. 원래는 한 역참에서 다음 역참까지 거리가 상당히 멀다는 뜻으로 쓰였는데, '시간이 꽤 흐르는 동안'이라는 뜻으로 바뀌어 지금까지 이어지게 된 거예요.

선비의 벗, 나귀

나귀는 당나라에서 들여왔다고 해서 당나귀라고 부르기도 해요. 말보다 키가 작고 볼품이 없지만 튼튼하고 힘이 무척 세서 무거운 짐을 싣고 먼 길을 갈 수 있지요.

나귀는 물과 먹이를 먹지 않고도 오랫동안 버틸 수 있어요. 말보다 빨리 자라고 병치레도 덜 하며 번식력도 강하고요.

그래서 예로부터 나귀는 사람이나 물건을 실어 나르는 수단으로 널리 쓰여 왔어요. 특히, 조선시대 선비들은 나귀를 무척 좋아했답니다. 싸고 작고 볼품은 없지만 튼튼하고 강인한 나귀의 모습이 가난하지만 꿋꿋하고 때 묻지 않은 선비의 모습과 닮았다고 생각했기 때문이래요.

옛날에도 여행객들을 위한 숙박 시설이 있었을까?

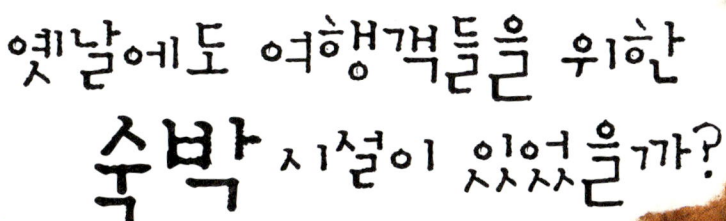

옛날에도 지방으로 출장 가는 관리들은 역에서 밥을 먹고 잠을 잤어요. 역이 없는 곳 가운데 사람들이 많이 지나다니는 길목에는 원이 세워져 나그네들을 맞았지요. 지금도 남아 있는 지명 가운데 이태원, 조치원, 장호원 같은 곳은 옛날에 이곳에 원이 있었다는 사실을 알려 주고 있답니다.

큰 고을의 관아에는 객사가 딸려 있어, 사신이나 높은 벼슬아치가 이용했어요. 주막이 나타나기 시작한 1600년대 후반에는 객주와 여각이라는 숙박 시설도 생겨났어요. 객주와 여각은 대개 나루터에서 상인들에게 밥과 잠자리를 제공하며 물건을 사고파는 사람들을 서로 연결해 주거나, 대신 팔아 주기도 했답니다.

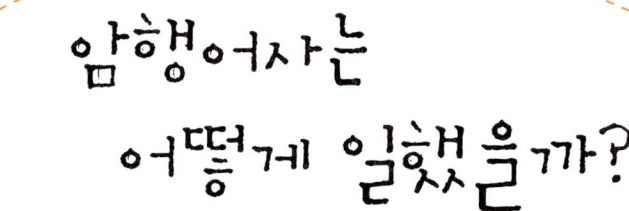

암행어사는 어떻게 일했을까?

　조선시대에 남모르게 지방을 돌면서 못된 관리들을 혼내 주던 벼슬아치를 암행어사라고 해요. 암행어사도 지방으로 출장 가는 관리였기 때문에 마패를 받았어요. 하지만 신분을 속이고 일하느라 말을 쓸 일이 많지 않았지요. 역에 들러 말을 빌렸다가 그 사실이 고을 원님에게 알려지면 고을의 사정을 있는 그대로 살피기 어려웠거든요.

　사실, 암행어사는 누더기 옷을 입고 해진 갓을 쓰고 다닐 만큼 신분을 철저히 감추었어요. 그리고 주막처럼 백성들이 많이 모이는 곳에 들러 오고가는 이야기에 귀를 기울이며 고을 사정을 알아보았지요. 그러다가 나쁜 짓을 일삼는 원님을 발견하면 암행어사는 역에서 역졸들을 거느리고 나와 관아로 쳐들어 갔지요.

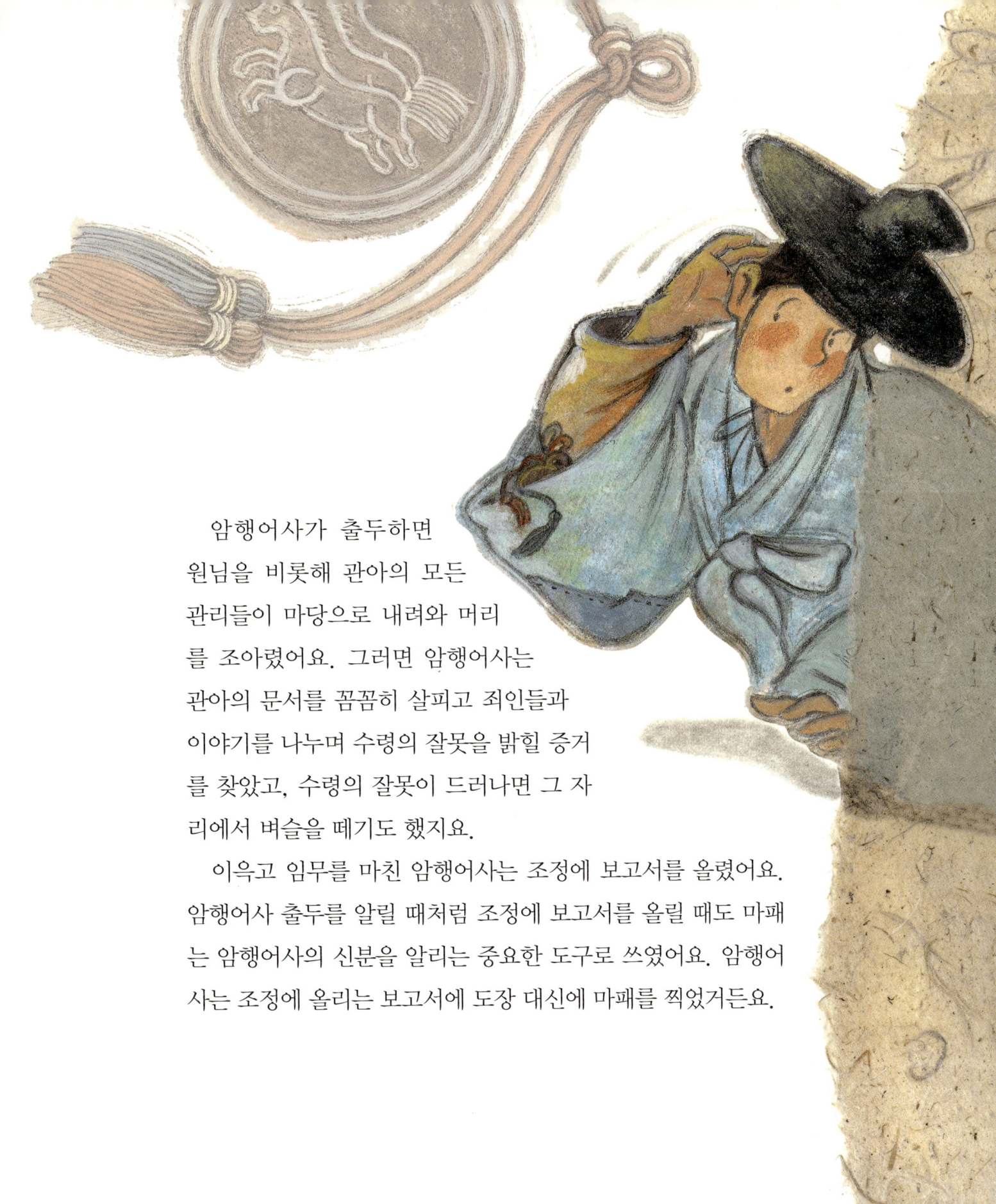

　암행어사가 출두하면 원님을 비롯해 관아의 모든 관리들이 마당으로 내려와 머리를 조아렸어요. 그러면 암행어사는 관아의 문서를 꼼꼼히 살피고 죄인들과 이야기를 나누며 수령의 잘못을 밝힐 증거를 찾았고, 수령의 잘못이 드러나면 그 자리에서 벼슬을 떼기도 했지요.

　이윽고 임무를 마친 암행어사는 조정에 보고서를 올렸어요. 암행어사 출두를 알릴 때처럼 조정에 보고서를 올릴 때도 마패는 암행어사의 신분을 알리는 중요한 도구로 쓰였어요. 암행어사는 조정에 올리는 보고서에 도장 대신에 마패를 찍었거든요.

임진왜란 때 잠을 자던 봉수

　봉수제도는 삼국시대에 처음 시작되어 조선시대까지 이어졌어요. 하지만 1592년 일본이 우리나라를 쳐들어왔을 때(임진왜란) 부산포가 적의 손에 넘어간 지 며칠이 지나도록 한양에서는 적이 쳐들어왔다는 봉수를 받지 못했답니다. 어떻게 된 일일까요?

　임진왜란 때 일본군의 배를 처음 발견한 것은 부산 다대포에 있던 응봉의 봉수대였어요. 응봉 봉수대에서는 연기를 올려 적의 침입을 계속해서 알렸지요. 하지만 맞은편 봉수대에서는 서울로 전갈을 보내는 연기가 올라오지 않았답니다. 봉수대를 지키던 군사들이 겁을 먹고 다 달아나 버렸거든요.

　결국 조정에서는 일본군이 쳐들어온 지 4일이 지난 뒤에야 전쟁이 일어났다는 사실을 알게 되었어요. 그 탓에 대응이 늦어지면서 전쟁은 처음에 우리에게 몹시 불리하게 돌아갔지요.

그런데 봉수제도가 이렇게 무너지게 된 데는 까닭이 있었답니다. 봉수대는 높은 산꼭대기에 있었기 때문에 봉수군들은 한 번 산에 올라가면 대개 10일 동안 집에도 가지 못하고 꼬박 근무를 서야 했어요. 언제 일어날지 모를 전쟁에 대비해 산꼭대기에서 10일 동안 계속 망을 보기란 쉬운 일이 아니에요. 그런데도 봉수군은 노비와 다름 없는 대우를 받았어요. 봉수대를 지키는 일이 가장 힘들고 비참한 일 가운데 하나로 꼽힐 정도였지요.

그러다 보니 봉수군들은 대부분 자기 일에 긍지를 갖지 못했어요. 그러던 차에 일본군이 쳐들어오자 대부분 맡은 일을 팽개치고 달아나게 된 거고요. 봉수제도는 결국 임진왜란 이후에 파발제도로 바뀌었답니다.

동관대궐 앞 좌포도청 행랑 뒤편
세 번째 기와집 서향대문 김주사 댁

처음에 우편제도가 실시되면서, 우편물을 나르던 벙거지꾼들은 봉변을 많이 당했어요. 양반집 사랑채나 안채에 우편물을 전해 주러 들어갔다가 윗사람이 머무는 곳에 함부로 들어왔다고 혼이 나기 일쑤였거든요. 더구나 우편제도가 시작될 때는 우편번호도 없고 집집마다 번지수도 없어서 벙거지꾼들은 편지를 배달하기가 이만저만 어렵지 않았답니다. '동관대궐 앞 좌포도청 행랑 뒤편 세 번째 기와집 서향대문 김주사 댁'이나 '경문 밖 청패고개에 사는 나주서 올라온 양천 허씨 댁'이라는 식으로 적힌 주소를 가지고 물어물어 집을 찾아야 했는데, 그러다 편지를 잘못 배달하면 그 자리에서 쫓겨나기도 했어요.

　벙거지꾼들은 이러한 어려움을 이기며 우편배달 일을 해 나갔어요. 그러면서도 논일을 하는 농부들에게 점심을 날라다 주는가 하면 밭일 하는 아낙네들을 대신해 우는 아이를 업어 주는 등 인정을 배달하는 일에도 앞장섰답니다.

　벙거지꾼들의 이러한 노력으로 백성들은 곧 우편제도가 얼마나 편리한 것인지 깨닫게 되었어요. 또 편지는 물론이고 인정까지 배달하던 벙거지꾼들은 뒷날 '체대감(우편물을 날라다 주는 대감님)'이라고 불릴 만큼 백성들의 사랑을 받게 되었답니다.

전화 예절을 지키시오

우리나라에 전화가 처음 개통된 것은 1898년의 일이에요. 덕수궁에 교환대를 설치하고 임금이 사는 궁궐에 전화를 개통한 것이 시작이었지요. 이때 사용된 전화기는 지금의 전화기와 생김새가 아주 달랐어요. 네모난 전화통은 폭이 약 45센티미터, 길이가 90센티미터에 이르렀을 만큼 컸고, 말을 하는 송화기 부분과 소리를 듣는 수화기 부분이 따로 떨어져 있었지요. 전화를 걸 때는 지금처럼 단추를 누르거나 다이얼을 돌리는 대신에 손잡이를 돌려서 신호를 보냈고요.

처음의 전화기는 소리도 잘 들리지 않았어요. 수화기를 통해 들려오는 소리가 모기 소리처럼 앵앵거리고 그마저도 뚝뚝 끊어져 들려 궁궐에 전화가 오면 관리들이 모두 입을 다물고 숨소리를 죽여야 했지요.

공중전화는 1902년에 서울과 인천, 개성에 처음 놓

였어요. 통화료는 5분에 50전(1전은 1원의 1/100에 해당하는 가치를 갖고 있음)이었고, 뒤에 사람이 와서 기다리면 10분 이상 쓸 수 없게 되어 있었어요.

요사이 우리가 인터넷을 이용할 때 그러듯이, 처음 전화를 쓰게 된 사람들도 상대방이 자기를 볼 수 없다는 점을 이용해 평소에 싫어하는 사람에게 전화로 욕설을 퍼붓는 일이 많았답니다. 공중전화 바로 옆을 관리가 지키고 앉아 예의에 어긋나는 말을 하거나 욕을 하는 사람이 있으면 통화를 금지시킬 정도였지요.

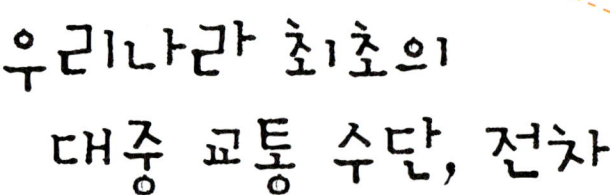

우리나라 최초의 대중 교통 수단, 전차

우리나라에서 대중 교통 수단으로 가장 먼저 이용된 것은 전차였어요. 전차는 궤도나 공중에 설치한 전선으로부터 전력을 공급받아 달리는 차를 말하는데, 1899년 5월에 서울에 처음 개통되었지요. 이 무렵에 쓰이던 전차는 길이가 9미터, 너비가 2.5미터에 이르렀고 모두 40명이 탈 수 있었어요. 귀족이 타는 상등칸과 일반 백성이 타는 하등칸으로 나뉘어 있었는데, 상등칸에만 창문이 있고 하등칸에는 창문이 없어 바깥바람이 그대로 들어왔지요.

말이나 소 또는 사람의 힘이 아닌 전기로 가는 전차는 사람들에게 대단한 호기심거리였어요. 전차를 한번 타 보려고 한양으로 올라오는 지방 사람들도 있었고, 전차가 신기하고 재미있어서 온종일 내리지 않고 타고 다닌 사람들도 많았지요.

그런데 전차가 개통된 뒤에 한양에 큰 가뭄이 들자, 이상한 소문이 떠돌기 시작했어요. 전차의 전선이 공중의 습기를 모두 빨아들인 탓에 가뭄이 일어났다는 이야기가 퍼져 나가기 시작한 거예요. 그러다가 길을 건너던 어린아이 하나가 전차에 치어 죽는 사고가 일어나자, 사람들은 흥분해서 전차를 부수고 불을 질러 버렸어요. 이 일로 전차는 5개월 동안 운행이 중단되었답니다.

교통 수단은 어떻게 발달해 왔을까?

걸어가요

아주 먼 옛날에 사람들은 어디든 걸어서 다녔어요. 걸으면 다리도 아프고 시간이 많이 걸려요. 낮 동안 꼬박 걸어도 서울에서 부산까지 가는 데 20일이 넘게 걸렸지요.

말을 타고 가요

말을 타고 다니게 되자, 걸을 때보다 빠르고 편하게 목적지에 닿을 수 있게 되었어요. 하지만 말을 먹이고 훈련시키고 병에 걸리지 않도록 관리하려면 힘이 많이 든답니다.

기차

1899년 경인선이 개통된 것을 시작으로 우리나라에 기차가 다니게 되었어요. 기차는 사람과 물건을 대량으로 빠르게 날라 주지만, 철길이 없는 곳으로는 다니지 못해요.

자동차

한국전쟁이 끝난 뒤 자동차 교통이 발달해 여행이 훨씬 자유로워졌어요.
자동차는 흔히 포장된 도로 위를 달리지만, 포장되지 않은 시골길이나 비탈진 산길, 또는 얕은 여울도 곧잘 지나다니지요.

고속버스

1968년 이후로 고속도로가 개통되면서, 사람과 물건이 훨씬 빠르게 오갈 수 있게 되었어요. 고속도로에서는 자동차만 달리기 때문에 주행 속도를 훨씬 높일 수 있거든요.

지하철

1974년 지하철 1호선이 개통된 이후로 서울을 비롯한 대도시에 지하철이 다니게 되었어요. 지하철은 땅속으로 다니기 때문에 복잡한 출퇴근 시간에도 막히지 않고 사람들을 빠르고 안전하게 실어 나를 수 있어요.

고속철도

2004년 4월, 최대 속도 시속 330킬로미터를 자랑하는 고속철도가 개통되면서, 서울에서 부산까지 2시간 40분 만에 갈 수 있게 되었어요. 이렇게 해서 우리나라는 전국이 2시간 생활권으로 묶이게 되었답니다.

익힘마당

통신 수단은 어떻게 발달해 왔을까?

사람이 가서 알려요

옛날에는 전해야 할 소식이 있을 때 사람이 직접 가서 알렸어요. 교통수단이 발달하지 않아, 목적지까지 가는 데 한참이 걸렸지요.

불이나 연기

삼국시대부터 나라에 위급한 일이 생기면 불이나 연기를 피워 소식을 알렸어요. 봉수를 이용하면 사람이 가는 것보다 빨리 소식을 전할 수 있지만, 구체적인 내용을 전하기는 어렵지요.

편지

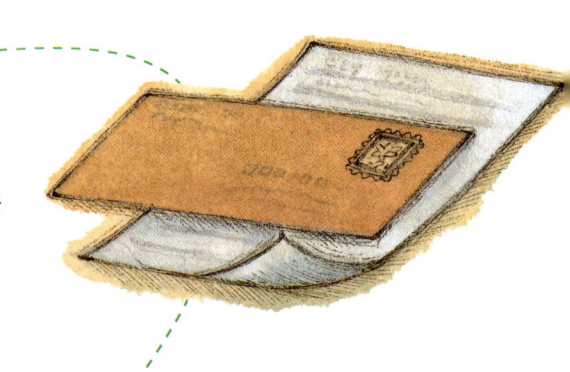

조선시대 말부터 우편제도가 실시되어, 사람들은 하고 싶은 이야기를 편지로 주고받게 되었어요. 편지를 이용하면 전하고 싶은 소식을 구체적으로 알릴 수 있지요.

전신

1885년 이후 전신기로 전보를 주고받게 되면서, 편지를 이용할 때보다 소식을 빨리 전할 수 있게 되었어요. 단, 전보는 보내는 글자 수에 따라 요금이 달라졌기 때문에 소식을 길게 전달할 수는 없었답니다.

유선전화

1898년부터 우리나라에도 유선전화 설비가 마련되기 시작했어요. 전화가 보급되자, 사람들은 하고 싶은 이야기를 글 대신에 말로 주고받게 되었어요.

휴대전화

1980년대 이후 휴대전화가 보급되어, 사람들은 길을 다니면서도 통화를 할 수 있게 되었어요. 요사이에는 휴대전화로 문자나 그림, 동영상을 주고받거나 텔레비전을 보기도 해요.

인터넷

1994년에 인터넷 상용 서비스가 시작되자, 책상 앞에 앉아 다른 사람과 편지나 그림, 동영상, 음악 등을 주고받는 일이 가능해졌어요.

옛 물건으로 만나는 우리 문화 시리즈

1권 음식 가마솥과 뚝배기에 담긴 우리 음식 이야기
가마솥, 조리, 장독, 시루, 뚝배기, 소쿠리, 자배기 등의 옛 물건들을 통해 우리 음식 문화의 특징을 살펴보고, 우리 음식 문화에 숨어 있는 뛰어난 지혜와 슬기를 알아보세요.

2권 명절 복주머니랑 그네랑 신나는 명절 이야기
복주머니, 댕기, 연등, 창포물, 절구 등의 옛 물건에는 여러 가지 이야기가 담겨 있어요. 세시풍속과 명절 음식, 명절 놀이 등을 알아보며 그 속에 배인 조상들의 멋과 풍류, 삶의 지혜를 만나 보세요.

3권 직업과 도구 쓱쓱 쟁기 빙글빙글 물레, 누가 쓰던 물건일까
쟁기, 물레, 풀무, 먹통, 닥돌과 닥방망이. 이게 다 누가 쓰던 물건일까요? 옛 장인들이 쓰던 도구를 살펴보고, 그 쓰임새와 해당 직업에 대해 알아보아요.

4권 교통과 통신 달구지랑 횃불이랑 옛날의 교통 통신
옛날 사람들은 어떻게 다른 고장을 오가고 소식을 주고 받았을까요? 짚신, 가마, 마패, 봉화, 장승, 달구지 등을 통해 교통과 통신 수단의 발달이 우리 생활에 어떤 영향을 미쳤는지 알아보세요.

5권 과학발명품 해시계랑 측우기랑 빛나는 우리 발명품
우리 겨레가 어떤 놀라운 발명품을 만들었는지, 그 발명품들을 어떻게 사용했는지 알아보고, 장영실과 최무선 같은 뛰어난 발명가들을 만나 보세요.

6권 멋 노리개랑 조각보랑 겨레의 멋 이야기
우리 조상들이 만든 옛 물건 가운데는 곱고 멋진 것이 참 많아요. 조상들의 뛰어난 솜씨를 살펴보고 우리 겨레의 삶 속에 숨어 있는 조상들의 멋과 정취를 만나 보아요.

7권 놀이 굴렁쇠랑 새총이랑 신명나는 옛날 놀이
옛날에는 골목마다 십자놀이, 자치기, 소꿉놀이, 제기차기를 하며 노는 아이들이 많았어요. 명절에는 줄다리기, 연날리기, 씨름과 그네뛰기 어른 아이 할 것 없이 신나는 놀이판이 벌어졌고요. 집 안에서 골목에서 들판에서 일 년 열두 달 펼쳐지던 재미있는 옛날 놀이들을 함께 해 보아요.

8권 풍속 장승과 솟대가 들려주는 우리 풍속 이야기
장승과 솟대에는 모두 깊은 뜻이 담겨 있어요. 나쁜 기운과 못된 귀신을 물리쳐 건강하고 행복하게 살고자 하는 소망이 담겨 있지요. 옛날 사람들은 액을 물리치고 복이 들어오기를 바라는 마음으로 부적을 붙이거나 굿을 하기도 했어요. 우리 겨레의 생활과 풍속에 담긴 믿음과 소망을 살펴보세요.

9권 한옥 마루랑 온돌이랑 신기한 한옥 이야기
우리 겨레가 살아온 한옥에는 조상들의 지혜가 숨어 있어요. 자연에 순응하며 살아가던 조상들의 소박한 삶이 숨어 있지요. 온돌, 마루, 지붕, 흙벽, 뒷간 등 한옥에 숨어 있는 옛사람들의 삶과 지혜를 찾아보세요.

10권 생활 의례 청사초롱이랑 꽃상여랑 관혼상제 이야기
사람은 누구나 태어나서 어른이 돼요. 결혼해 아이를 낳기도 하고, 그러다 나이가 들면 세상과 이별을 하지요. 우리 조상들은 이처럼 삶의 중요한 때 특별한 의례를 치러 그 뜻을 기렸어요. 우리 겨레의 뜻 깊은 의례를 보며 더불어 사는 삶을 배워 보아요.